100 blagues! Et plus...
N° 38

Blagues et devinettes
Faits cocasses
Charades

Illustrations :
Dominique Pelletier

Compilation :
Julie Lavoie

Éditions
SCHOLASTIC

100 blagues! Et plus...
N° 38
© Éditions Scholastic, 2016
Tous droits réservés
Dépôt légal : 1er trimestre 2016
ISBN 978-1-4431-5180-1
Imprimé au Canada   140

Éditions Scholastic
604, rue King Ouest
Toronto (Ontario)
M5V 1E1
www.scholastic.ca/editions

Nous savons tous que rester assis trop longtemps n'est pas bon pour la santé. Une nouvelle étude suggère qu'il est tout aussi mauvais de rester debout trop longtemps. La solution semble bien simple...

Mon premier est un instrument de musique anglais ou français.

Mon second est l'antonyme de turbulent en parlant d'un enfant.

Mon tout est un vêtement pour dame.

Cléopâtre, dit-on, prenait des bains de lait d'ânesse pour avoir une peau jeune et en santé. C'était il y a très longtemps. Aujourd'hui, certains préfèrent se baigner dans le vin rouge...

Mon premier est une syllabe du mot
renoncer qui est aussi dans parement.

Chaque année, on les fête le deuxième
dimanche de mai.

Mon troisième est l'action de couper un
morceau de bois.

Mon tout est une marque de politesse.

Une girafe peut courir presque aussi vite qu'un cheval de course.

Chaque année, on les fête le troisième dimanche de juin.

L'oiseau pond ses œufs dans mon deuxième.

Mon troisième est le pluriel de ciel.

Mon tout est néfaste et peut même représenter un danger.

. . . .

Mon premier est le nom de tes membres supérieurs.

Mon second est une pièce de jeu à six côtés.

Mon tout signifie vendre au rabais.

Une jeune femme va à l'épicerie accompagnée de son ami. Elle se rend dans le rayon des produits pour animaux et choisit un sac de friandises pour chats.

— Pourquoi achètes-tu ces friandises? Tu n'as pas de chat…

— C'est pour moi, répond la femme. Avec toutes les protéines qu'il y a là-dedans, ça me donne une énergie incroyable! Tu devrais les essayer, mais il faut faire attention de ne pas te retrouver sur un lit d'hôpital…

— Ce ne sont pas des friandises pour les humains! Ça doit donner un mal de ventre terrible! s'exclame l'homme.

— Pas du tout!

— Alors pourquoi l'hôpital?

— J'ai fini à l'hôpital parce que je suis tombée d'un arbre en poursuivant un oiseau…

Une maman dit à son fils :
— J'ai une mauvaise nouvelle à t'annoncer.
— Dis-moi.
— Je pars travailler deux semaines en France.
— Et maintenant, quelle est la mauvaise nouvelle?

● ●

Deux garçons jouent aux cartes.
— Sais-tu ce qui arrive à ceux qui trichent?
— Oui. Ils gagnent.

À Melbourne, en Australie, les propriétaires d'un restaurant situé au cinquième étage d'un édifice ont trouvé une façon originale de servir leurs clients. Après avoir passé leur commande en ligne, les clients attendent patiemment sur le trottoir que leur sandwich leur soit livré à l'aide d'un petit parachute.

— Regarde les beaux chevals! lance Jérémie.

— Ce sont des chevaux, dit sa mère.

— Vraiment? Je trouve qu'ils ressemblent à des chevals...

• •

Alice se promène fièrement avec son nouveau chien, un doberman. Une petite fille joue sur le trottoir :

— Vous avez un beau chien. Est-ce qu'il aime les enfants?

— Oui, mais il préfère les croquettes...

Saviez-vous qu'il faut plus ou moins 10 tomates pour fabriquer une bouteille de ketchup de 300 millilitres?

Une vache produit à peu près 30 litres
de lait par jour.

Il faut environ 10 litres de lait pour produire un kilogramme de fromage cheddar.

Un professeur demande à un nouvel élève :

— Alors, que fait ton père dans la vie?

— Il est magicien.

— Intéressant! Quel est son tour favori?

— Il scie les personnes en deux!!

— Super! As-tu des frères ou des sœurs?

— Oui, j'ai 2 demi-frères!

Mon premier est le contraire de bien.

Mon deuxième est la lettre de l'excellence.

Mon troisième est le contraire de gauche.

Mon tout se dit de quelqu'un qui se met souvent dans l'embarras.

Un père et son fils décident d'aller choisir un arbre de Noël en forêt, comme dans le bon vieux temps. Quelques jours avant Noël, ils partent ensemble à la recherche de l'arbre idéal. Mais après trois heures de marche, ils ne l'ont toujours pas trouvé… Ils sont complètement gelés. Le papa annonce alors à son fils :

— Le prochain sapin qu'on voit, s'il n'a pas de lumières, on le prend quand même, d'accord?

Après une partie de hockey, un garçon dit à son père :

— J'ai perdu ma position de centre et c'est de ta faute!

— Eh oui... C'est toujours la faute des parents...

— Oui, c'est VRAIMENT de ta faute!

— Qu'est-ce que j'ai fait encore?

— J'attendais qu'on me dise s'il te plaît avant de passer la rondelle et personne ne l'a dit!

Pour faire une tasse de café, il faut environ 28 grains de café. Certains en mettent le double pour obtenir un café au goût fort et à l'effet, disons-le, saisissant…

La petite Sophie revient de l'école :

— Maman, mon enseignante est complètement nulle.

— Ne dis pas des choses pareilles! Tu sais très bien que c'est faux.

— Mais c'est vrai! Hier, elle a dit que 5 + 5 font 10 et aujourd'hui, elle dit que c'est 6 + 4!

QUEL EST LE COMBLE POUR UN JOUEUR DE QUILLES?

RÉPONSE : PERDRE LA BOULE!

Au marché :

— Vos haricots sont magnifiques! Que mettez-vous dessus?

— Je mets du fumier de vache. C'est tout.

— Vraiment? Ça doit donner un drôle de goût... Moi, je mets seulement du beurre.

PLUS JE VIEILLIS, PLUS JE DEVIENS FORT. QUI SUIS-JE?

RÉPONSE : UN FROMAGE.

Dans le monde animal, après les moustiques, ce sont les serpents qui tuent le plus d'humains sur la planète.

Mon premier est un animal qu'on dit de Virginie... Pourtant, il vit chez nous!

Mon second s'enfonce dans le bois en tournant.

Mon tout est un beau geste.

Saviez-vous qu'il existe des canons
à poulets? On se sert de ces canons
pour projeter des poulets morts afin de
tester la résistance des avions en vol.
Attention! Il ne faut pas oublier de les
décongeler...

Astérix et les Gaulois sont bien vivants dans le cœur des Bretons. Chaque année, à Guerlesquin, en France, se tient le Championnat du monde de lancer de menhirs. L'activité se tient dans le cadre d'une grande fête. Les participants se mesurent à Obélix pendant que les spectateurs dégustent du sanglier grillé et prennent un petit verre de potion magique...

Mon premier est le nom d'une oie mâle.

Mon deuxième est ce que tu fais généralement à midi.

Le crawl et la brasse sont deux types de mon troisième.

Mon tout est une activité qui embellit notre environnement pendant la saison chaude.

— Je crois que je commence à perdre la mémoire, explique un homme à son médecin.

— Depuis quand?

— Depuis quand quoi?

● ●

Un garçon rentre de l'école :

— Je me suis fait un nouvel ami. Il vient de Chicago.

— Sais-tu où se trouve Chicago? lui demande sa mère.

— Non, mais ça ne doit pas être bien loin d'ici parce qu'il rentre toujours à la maison à pied.

J'AI UN CHAPEAU, MAIS JE N'AI PAS DE TÊTE. J'AI UN PIED, MAIS PAS DE SOULIERS. QUI SUIS-JE?

RÉPONSE : UN CHAMPIGNON.

QUELLE EST LA DIFFÉRENCE ENTRE UN RÂTEAU, UN MANTEAU ET UNE PARTIE DE BASEBALL?

RÉPONSE : LE RÂTEAU A UN MANCHE. LE MANTEAU A DEUX MANCHES. LA PARTIE DE BASEBALL A NEUF MANCHES.

Les chiens atteints de la rage tuent chaque année des milliers d'humains, mais on en parle peu. Les attaques de requins sont beaucoup moins nombreuses, mais on en parle beaucoup!

Un cochon bien nourri peut peser
jusqu'à 300 kilogrammes!

— Je n'en peux plus, dit une femme à sa voisine. Mon garçon casse tout dans la maison.

— Le mien faisait la même chose jusqu'au jour où je lui ai acheté un vélo.

— Un vélo! Comment un vélo pourra-t-il l'empêcher de tout casser?

— Ça ne l'empêchera pas de tout casser, mais au moins, il ira le faire ailleurs...

Mon premier est le contraire de bien.

Mon deuxième est le cri de la vache.

Mon troisième est à peu près au centre du visage.

Mon tout n'est pas bien utilisé.

• •

Le juge demande à l'accusé :
— Je ne comprends pas... On vous reproche d'avoir fait vos cadeaux de Noël trop tôt. Ce n'est pas un crime ça!
— En théorie, vous avez raison.
Le problème, c'est que j'ai fait mes cadeaux avant l'ouverture du magasin...

POURQUOI LE PATRON A-T-IL ENGAGÉ UN DROMADAIRE PLUTÔT QU'UN CHAMEAU?

RÉPONSE : PARCE QUE LE DROMADAIRE BOSSE DEUX FOIS PLUS!

COMMENT SAIT-ON QUE NOUS SOMMES EN PÉRIODE DE SÉCHERESSE?

RÉPONSE : LES VACHES COMMENCENT À DONNER DU LAIT EN POUDRE.

En 1903, George Wyman est devenu la première personne à traverser les États-Unis à bord d'un véhicule motorisé. Il lui a fallu 51 jours pour parcourir les quelque 4 600 kilomètres entre San Francisco et New York au volant de sa motocyclette. Aujourd'hui, le même trajet peut s'effectuer en quelques jours.

Mon premier est le contraire de mouillé.

Mon deuxième est la cinquième voyelle de l'alphabet.

Mon troisième est une céréale très prisée en Asie.

Mon quatrième est une boisson chaude traditionnelle en Angleterre.

Mon tout permet d'éviter le danger.

QUE SE PRODUIRA-T-IL SI TU MANGES
TROP DE BLEUETS?

RÉPONSE : IL N'EN RESTERA PLUS.

Deux élèves viennent de finir un test.
Ils discutent en sortant de la classe :
— Moi, j'ai seulement pu répondre à
la première question...
— Moi aussi. Qu'as-tu répondu?
— Vrai. Et toi?
— Moi aussi! Zut! Le prof va penser
qu'on a copié...

Une fillette revient de l'école :

— Maman, j'ai appris aujourd'hui qu'il faut au moins quatre moutons pour tricoter une couverture.

— Ah bon. Je ne savais pas que les moutons savaient tricoter.

QUEL EST LA DIFFÉRENCE ENTRE LE SOLEIL ET TOI?

RÉPONSE : LE SOLEIL EST UN ASTRE, TOI, TU ES UN DÉSASTRE.

Mon premier s'obtient en pressant des fruits, par exemple.

Mon second est le pluriel de mal.

Mon tout n'est pas seul.

QUEL EST LE COMBLE DE LA PATIENCE?

RÉPONSE : METTRE DES PATINS À UN MILLE-PATTES.

QU'EST-CE QU'UN ANIMAL A EN COMMUN
AVEC UN GÉNÉRAL?

RÉPONSE : LES DEUX DERNIÈRES LETTRES.

QUE DIT UN PAIN QUAND ON LE COUPE?

IL DIT : MINU. (DIMINUE)

Les femmes sont généralement plus frileuses que les hommes. Et si madame a froid, ce n'est pas un caprice! Avant de vous chicaner pour savoir qui prendra le contrôle du thermostat, sachez que ni l'un ni l'autre n'est à blâmer. La différence viendrait de la masse musculaire qui est, en règle générale, plus importante chez les hommes que chez les femmes.

Un chat peut courir jusqu'à 40 km/h, mais comme un humain, sa vitesse et la durée de sa course dépendent de sa forme physique...

Ariane et son cousin Michel font un pique-nique. Michel balance ses bras dans les airs depuis quelques minutes...

— Pourquoi gesticules-tu comme ça? demande Ariane.

— C'est évident! C'est pour te protéger des guêpes.

— C'est gentil, mais je n'ai pas vu une seule guêpe depuis que nous sommes arrivés.

— Alors tu vois bien que ça marche!

POURQUOI LES SCIENTIFIQUES ONT-ILS SI SOUVENT DES TROUS DE MÉMOIRE?

RÉPONSE : PARCE QU'ILS SE CREUSENT TROP LA TÊTE.

COMMENT APPELLE-T-ON UN CHIEN SOURD?

RÉPONSE : ON NE L'APPELLE PAS. ON VA LE CHERCHER.

Le coq dit à la poule :
— Comment vas-tu cocotte?
— Pas très bien. Je crois que je couve quelque chose…

Passionnés d'histoire, à vos tondeuses!
En Angleterre, vous pouvez visiter un
musée consacré aux tondeuses à gazon.

Des chercheurs affirment que le sucre n'excite pas les enfants. Admettez tout de même que manger des sucreries, c'est excitant!

À QUOI RECONNAÎT-ON UN CYCLISTE HEUREUX?

RÉPONSE : AU NOMBRE DE MOUCHES COLLÉES SUR SES DENTS.

Un professeur d'université demande à un de ses étudiants :
— Quelles sont les deux principales raisons qui t'ont motivé à choisir la profession d'enseignant?
— Juillet et août.

Le médecin a dit à Gaston que, pour maigrir, il ne devait pas manger plus de 2 000 calories au cours d'une journée. Mais il ne lui a rien dit au sujet de la nuit…

Un homme va voir son médecin :

— Docteur, je ne me sens pas bien. On dirait que mon cœur manque des battements…

— Laissez-moi prendre votre pouls… Hum! Vous me racontez des bêtises! On dirait que votre cœur est réglé comme une horloge!

— C'est parce que vous avez le doigt sur ma montre…

Mon premier est un métal précieux.

Mon deuxième est la lettre E prononcée en anglais.

Mon troisième est le mot employé par les parents pour parler de leur garçon.

Mon tout est synonyme de trou.

Pour se défendre, l'opossum emploie un
moyen très... passif. Lorsqu'il se sent
menacé, il se laisse tomber sur le côté,
la bouche ouverte. Bref, il fait le mort.
De plus, il dégage alors une odeur à
faire fuir n'importe quel ennemi!

Au restaurant :

— Madame, il n'y a qu'un seul morceau de viande dans l'assiette que vous m'avez servie.

— Ahhh... Monsieur veut que je le coupe en quatre ou en six morceaux?

UN ÉLÉPHANT ET UNE GIRAFE ENTRENT DANS UN RESTAURANT, QU'EST-CE QU'ILS PRENNENT?

RÉPONSE : DE LA PLACE.

Chez l'optométriste :

— Je crois que j'ai besoin de lunettes, dit Germaine à son optométriste.

— On va voir ça. Commencez par me lire les lettres tout en haut de l'affiche.

— Euh... Une affiche... Quelle affiche?

QUELLE EST LA DIFFÉRENCE ENTRE UNE HORLOGE ET UN ENTRAÎNEUR DE FOOTBALL?

RÉPONSE : L'HORLOGE FAIT DES TIC TAC ET L'ENTRAÎNEUR FAIT DES TACTIQUES.

— Monsieur, je suis amoureux de votre fille et je viens vous demander sa main...

— Seulement sa main! Quelle cruauté! Vous la prendrez en entier ou vous n'aurez rien du tout!

UN BATEAU CHAVIRE ET TROIS PÊCHEURS TOMBENT À L'EAU, MAIS UN SEUL A LES CHEVEUX MOUILLÉS. POURQUOI?

RÉPONSE : LES DEUX AUTRES SONT CHAUVES.

Mon premier s'obtient en pressant un fruit.

Mon second est le contraire de carré.

Mon tout est impoli.

. . . .

Mon premier est la deuxième consonne de l'alphabet.

Mon deuxième dure 24 heures.

Mon troisième est le principal organe de l'odorat.

Mon tout est le fait de demeurer pendant quelque temps dans un même lieu.

La ventilation contribue à maintenir la température idéale à l'intérieur d'une ruche. Ce sont les abeilles ventileuses qui se chargent de cette tâche. Elles se placent à la sortie de la ruche et battent des ailes.

L'abeille reine est la mère de sa colonie. Elle peut pondre plus de 2 000 œufs par jour. Quelle famille!

Mon premier est un acte répréhensible consistant à prendre quelque chose qui ne nous appartient pas.

Mon deuxième est la partie au bout de laquelle se trouve la fleur.

Mon troisième est le temps que met l'aiguille la plus longue de l'horloge à compléter un tour.

Mon tout est le nom d'une position au baseball.

••

Mon premier est le contraire de laid.

Mon second est la dixième consonne de l'alphabet.

Mon tout est une façon de vivre.

Pendant l'hiver, certaines grenouilles deviennent littéralement congelées, comme le serait un bloc de glace. Au printemps, une fois décongelées, elles recommencent à sauter comme avant!

Gaston trouve un billet de 10 dollars sur le trottoir.

— Que vas-tu faire avec? lui demande Victor.

— Je crois que je vais m'acheter un portefeuille. Comme ça, je ne pourrai pas le perdre...

POURQUOI LES ZÈBRES NE VONT-ILS JAMAIS À L'ÉPICERIE?

RÉPONSE : ILS ONT TROP PEUR DE PASSER POUR DES CODES BARRES ET D'ÊTRE VENDUS.

Une mère aide son fils à faire son devoir de français.

— On te demande d'écrire une phrase avec un complément d'objet direct. As-tu une idée?

— Euh... Ma mère a un très grand cœur.

— Et quel est l'objet de ta phrase?

— C'est que tu m'achètes un nouveau vélo...

La tortue se déplace à environ un quart de kilomètre à l'heure. Ce qui est tout de même 50 fois plus vite que l'escargot!

Mon premier est la partie d'un tout.

Mon deuxième est la troisième voyelle de l'alphabet.

Mon troisième est une syllabe de Zamboni qui est aussi dans amusant.

Mon tout applaudit très fort son équipe de hockey préféré.

· ·

— Guillaume, épelle-moi le mot rat.
— R - A, répond l'élève.
— Et qu'est-ce qu'il y a à la fin?
— Vous me prenez pour un nul ou quoi? Tout le monde sait qu'un rat se termine par une queue!

QUEL EST LE COMBLE POUR UN PROF DE MUSIQUE?

RÉPONSE : C'EST D'AVOIR UNE ÉLÈVE QUI S'APPELLE MILA DORÉ.

AVEZ-VOUS DÉJÀ VU UNE TABLE SANS PIEDS?

RÉPONSE : OUI. LA TABLE DE MULTIPLICATION.

Il y a une place pour chaque doigt dans mon premier.

Mon deuxième est le contraire de haut.

En cuisine, il faut parfois couper les légumes comme mon troisième.

Les enfants se déplacent souvent comme mon tout lorsqu'ils sont contents.

Chaque année, le 13 août, c'est la Journée internationale des gauchers. Moins de 15 % de la population est gauchère, mais certaines personnes donnent l'impression d'avoir deux mains gauches!

— Papa ressemble à une vedette de cinéma, dit un petit garçon à sa mère.

— C'est un beau compliment. À qui te fait-il penser?

— À Beethoven… le chien.

AU PRINTEMPS, QUE FONT LES QUÉBÉCOIS POUR FAIRE DISPARAÎTRE LES BANCS DE NEIGE PLUS VITE?

RÉPONSE : ILS LES MANGENT AVEC DE LA TIRE D'ÉRABLE.

QUE TROUVE-T-ON AU CENTRE DE CALGARY?

RÉPONSE : G.

Un homme rentre dans une boutique où l'on vend des lunettes.

— Vous pouvez me montrer vos lunettes? Demande-t-il à la vendeuse.

— Bien sûr! C'est pour le soleil?

— Non. C'est pour moi.

Deux escargots viennent de finir un marathon.

— Tu t'en es bien tiré! dit l'un.

— Oui, mais j'en ai bavé...

•••••••••••••••••••••••••••••••••

Une petite limace se prépare pour l'école.

— Dépêche-toi, tu vas rater ton autobus! Il passe dans trois heures!

Avec l'aide des gardiens du zoo d'Oakland, aux États-Unis, plusieurs animaux ont réussi à peindre des œuvres uniques! Ainsi, les girafes tenaient un pinceau dans leur bouche, tandis que les éléphants utilisaient leur trompe. Une coquerelle a même réalisé une œuvre en trempant ses pattes dans la peinture avant de se promener sur une toile.

Au Massachusetts, non loin de Boston,
il existe un musée de « l'art mauvais ».
Quelques centaines d'œuvres uniques y sont
exposées. L'établissement a pour mission de
montrer les réalisations d'artistes, qui ne
pourraient jamais être exposées ailleurs…

— Aimes-tu les petits pois surgelés? demande Henri à Jonathan.

— Non. Je les trouve beaucoup trop durs...

QUE DIT L'OIGNON AU SAULE PLEUREUR?

RÉPONSE : JE SUIS DÉSOLÉ DE T'AVOIR FAIT DE LA PEINE.

Avant d'aller au lit :

— Maman, tous les élèves se moquent de moi à l'école. Ils disent que j'ai l'air d'un monstre, dit une fillette en pleurant.

— Ne t'inquiète pas de ça... Mouche tes deux petits nez et ferme tes trois grands yeux. Il est temps d'aller au lit.

QUEL EST LE COMBLE POUR UN AVION?

RÉPONSE : D'AVOIR UN SYSTÈME ANTIVOL.

Deux vers de terre se rencontrent.

— C'est rare que je te voie seule. Où est ton amoureux?

— Ne m'en parle pas! Je ne l'ai pas revu depuis qu'il est parti à la pêche...

● ●

Un crocodile rencontre un chien.

— Salut, sac à puces!

— Salut, sac à main!

Des chercheurs ont étudié le comportement des kangourous. Selon les résultats de leur étude, les kangourous seraient majoritairement gauchers.

Mon premier est le contraire de haut.

Avec mon second, on peut découvrir l'énigme.

Mon tout est mal fait.

• •

Les animaux, comme la chèvre et le cochon, en ont un bruyant et distinctif.

Mon second est le nom de la planète bleue.

Mon tout est ce sur quoi on se base pour évaluer quelqu'un ou quelque chose.

Une mère dit à son fils :

— C'est incroyable! Tu es encore devant l'ordinateur!

— Ce n'est pas de ma faute! J'ai essayé d'aller derrière, mais je n'y voyais rien...

Entre deux voyelles, mon premier se prononce comme un Z.

Au hockey, les joueurs font mon second lorsqu'ils s'échangent la rondelle.

Mon tout est l'univers situé au-delà de l'atmosphère terrestre.

• •

Mon premier est la première lettre du prénom du grand amour de Roméo...

Mon second est le mot anglais qui signifie « allez! ».

Mon tout se mange.

Des voitures à l'électricité, à l'énergie solaire… et pourquoi pas à la bière! En Nouvelle-Zélande, des déchets produits par le brassage de la bière ont été utilisés pour produire de l'éthanol.

Mon premier est la huitième consonne de l'alphabet.

Dans le monde du sport, mon deuxième se dit lorsque la partie se termine à égalité.

Mon troisième est une forme d'expression créative. Le cinéma serait d'ailleurs le septième.

Mon tout est une blague.

— Docteur, j'ai un complexe.
— Ça tombe bien! Je cherche justement un nouveau bureau!

• •

— Pourquoi racontes-tu à tout le monde que je suis idiot?
— Je suis désolé. Je ne savais pas que c'était un secret.

En Australie, des randonneurs ont trouvé un mouton mérinos errant, qu'ils ont surnommé Chris. La pauvre bête était seule et n'avait pas été tondue depuis plusieurs années. Elle avait du mal à se déplacer tellement son manteau de laine était épais.

Généralement, un mouton mérinos produit plus ou moins cinq kilogrammes de laine par année. La toison de Chris, le mouton errant, pesait 40 kilogrammes! Une production si incroyable que son manteau a pris le chemin d'un musée.

QUEL COURS PRÉFÈRES-TU À L'ÉCOLE?

RÉPONSE : LA COUR DE RÉCRÉATION.

COMMENT APPELLE-T-ON UN POU SUR UNE TÊTE CHAUVE?

RÉPONSE : UN SANS-ABRI.

À SIX ANS, JE POUVAIS LIRE DES ROMANS DE 500 PAGES. À SEPT ANS, J'AI OBTENU MA CEINTURE NOIRE DE KARATÉ. À HUIT ANS, J'AI ESCALADÉ L'EVEREST. QUI SUIS-JE?

RÉPONSE : UN VRAI MENTEUR!

CONNAIS-TU L'HISTOIRE DE LA MAMAN ESCARGOT?

RÉPONSE : NON ET C'EST NORMAL. ELLE N'EST PAS ENCORE ARRIVÉE!

Si un jour vous vous rendez à Singapour, n'essayez pas de trouver de la gomme à mâcher dans un commerce. L'importation ainsi que la vente de cette friandise collante y sont strictement interdites. Résultat : les trottoirs y sont très propres comparés aux nôtres…

La gomme à mâcher met environ cinq ans à se décomposer.

Mon premier est la sixième lettre de l'alphabet.

Mon deuxième est une note de musique qui commence par mon premier.

Mon troisième est une suite de choses ou de personnes placées sur une même ligne.

Mon tout est surprenant.

En France, dans les cantines des écoles primaires, il est interdit de servir du ketchup. Ce condiment rouge un peu sucré transformerait trop le goût des plats, selon les autorités. On fait cependant une exception le jour des frites. Fiou!

Un homme consulte son médecin :

— Docteur, j'ai pris beaucoup de poids récemment et je ne sais pas pourquoi.

— Parlez-moi de vos habitudes alimentaires.

— Je mange peu et jamais entre les repas… Je préfère les fruits et les légumes aux sucreries et aux croustilles. Et je ne bois JAMAIS de boissons gazeuses!

— Avez-vous autre chose de pertinent à mettre à votre dossier?

— Oui. J'ai la mauvaise habitude de mentir…

Lors des élections fédérales de 2015,
244 377 crayons auraient été utilisés
pour marquer les bulletins de vote.

— J'ai toujours eu de la difficulté à prendre des décisions. Et toi?

— Moi? Euh... Des fois oui... Des fois non...

QU'EST-CE QU'ON NE DOIT JAMAIS FAIRE QUAND ON APERÇOIT UN POISSON-SCIE?

RÉPONSE : LA PLANCHE!

Au retour de l'école, une fillette raconte à sa mère :

— Aujourd'hui, mon enseignante nous a demandé d'écrire toute une page sur notre animal préféré. C'était si facile!

— Tu as écrit sur ton chien alors.

— Oui et j'ai fini en premier!

— Raconte-moi ce que tu as écrit sur Copain.

— Qu'une fois, on l'a perdu et on l'a cherché toute la nuit en l'appelant : Copain! Copain! Copain! Cooooopain! Cooopain! Cooooopain! Cooooopain! Copain! Copain! Copain! Cooooopain! Copain! Copain! Cooooopain! Copain! Copain! Copain!

Si l'envie vous prend, allez donc visiter le musée des toilettes à New Delhi, en Inde. Ce musée étrange existe vraiment et il accueille des milliers de visiteurs chaque année!

En France, vous pouvez visiter le Musée des égouts de Paris. Même si les canalisations ne sont plus utilisées, il y règne, dit-on, une odeur indescriptible...

Mon premier se termine à la mort.

Mon deuxième est la quatrième voyelle de l'alphabet.

Mon troisième est le contraire de court.

Mon quatrième est utilisé en cristaux plus ou moins gros pour assaisonner la nourriture.

Mon tout est un instrument.

QUE SE DISENT DEUX CHATS AMOUREUX?

RÉPONSE : NOUS SOMMES *FÉLINS* POUR L'AUTRE.

Des chercheurs ont trouvé des bienfaits
à la gomme à mâcher. Elle réduirait le
stress, favoriserait la concentration et
améliorerait l'humeur...
Mâchons en chœur!

La race des poules détermine la couleur des œufs. Les poules blanches donnent des œufs blancs. Les poules rousses donnent des œufs bruns… Et voilà que des poules grises donnent des œufs verts! En effet, un producteur québécois s'est procuré des poules au plumage gris pâle, qui pondent de jolis œufs bleu vert.

Mon premier couvre plus des deux tiers de la planète.

Mon deuxième est une syllabe du mot précarité, qui est aussi dans peccadille.

Mon troisième est un oiseau bavard.

Mon tout est un animal d'Afrique.

• •

Mon premier est fait à partir de farine et d'eau, et est nécessaire pour faire des sandwiches.

Mon second est le résultat de l'opération : 12 x 2 — 17.

Mon tout est un petit outil.

Dans une classe de maternelle, l'enseignante demande :

— Mathieu, qu'est-ce qui te permet de voir?

— Euh... Mes yeux, mes oreilles et mon nez.

— Oui pour les yeux, mais pourquoi les oreilles et le nez?

— Pour tenir mes lunettes...

QUEL ANIMAL A 36 DENTS POINTUES ET DES GRIFFES DE QUATRE CENTIMÈTRES DE LONG?

RÉPONSE : JE NE SAIS PAS, MAIS COURS!

Une anguille électrique peut produire
une décharge électrique de 600 volts!
Faites attention, amis poissons!

— Si ça continue, je vais être obligée de me marier avec le voisin d'à côté, dit une fillette à sa mère.

— Mais pourquoi donc? Il y a des dizaines d'autres garçons bien mieux que…

— Oui, mais les autres, je ne peux pas aller les voir parce que tu ne me laisses pas traverser la rue!

. . . .

— Hier, j'ai mangé un steak d'oiseau, dit Yvon à Sam.

— Du steak d'oiseau? Je ne savais pas que ça existait. C'est quoi au juste?

— C'est du steak cuit! cuit! cuit!

Au Japon, on accorde beaucoup
d'importance à la propreté, à la sécurité
et au confort dans les toilettes publiques.
Le gouvernement attribue d'ailleurs un prix
aux municipalités et aux entreprises qui se
distinguent en la matière. Tous les moyens
sont bons pour rendre « l'expérience » plus
agréable...

L'enseignante demande à la petite Julie de rester après la classe.

— Julie, as-tu eu l'aide de ta mère pour faire ton devoir?

— Non.

— De ton père alors?

— Non.

— Julie, tu me jures que tu n'as pas eu l'aide de ta mère ni de ton père pour faire ton devoir.

— Je vous le jure! C'est ma grande sœur Sophie qui l'a fait toute seule.

En Turquie, il est possible de visiter un musée consacré à la chevelure des femmes. Quelque 16 000 échantillons de cheveux sont exposés dans une grotte. Lors de leur visite du musée, les femmes peuvent bien entendu laisser un souvenir de leur passage.

Un fermier dit à qui veut l'entendre que son cochon sait compter.

— Je dois le voir pour le croire! lance une femme.

Le fermier invite donc celle-ci à se rendre auprès du cochon et il commence sa démonstration :

— 8 + 1

— Neuf, neuf... répond le cochon.

— 5 + 4

— Neuf, neuf... répond le cochon.

— 7 + 2

— Neuf, neuf... répond le cochon.

— Mais Monsieur, votre cochon ne sait pas compter! Il dit toujours neuf!

— Attendez de voir! Combien font 4 + 4, demande-t-il à son cochon en lui donnant sa nourriture préférée.

— Huiiiiit! Huiiiit! fait l'animal.

Fais-nous rire!

Envoie-nous ta meilleure blague.
Qui sait? Elle pourrait être publiée dans
un prochain numéro des
100 BLAGUES! ET PLUS...

100 Blagues! et plus...
Éditions Scholastic
604, rue King Ouest
Toronto (Ontario)
M5V 1E1

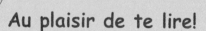

Au plaisir de te lire!

Nous nous réservons le droit
de réviser, de modifier, de publier ou
d'utiliser les blagues à d'autres fins,
dont la promotion, sans autre avis ou
compensation.

SOLUTIONS